VIEL GLÜCK UND VIEL LEBEN

Dein Leben sei zärtlich
wie ein grüner Frühlingsmorgen
an dem dich der Himmel liebt

Dein Leben sei leicht
wie eine warme Sommernacht
in der das große Glück tanzt

Dein Leben sei schön
wie ein Herbstnachmittag
der eine goldene Spur hinterlässt

Dein Leben sei weise
wie ein Winterabend
an dem aus Stille Ewigkeit wird

Dein Leben
sei unendlich gesegnet
soweit dein Atem reicht

Cornelia Elke Schray

Zarte Wünsche

möge liebe
dein herz streicheln
möge hoffnung
deine nase küssen
möge mut
deine hände kleiden
möge glaube
deine seele beflügeln
möge zuversicht
deine füße wärmen
möge kraft
deine ohren nähren

möge himmelslicht
dein lebenslicht sein

Cornelia Elke Schray

Segen für ein neues Jahr

Folge dem Fluss
er kennt den Weg

schaue freundlich zurück
am Ufer blühen
neue Tage

finde
einen Ruheplatz am Wasser
ein Tor, das dich empfängt
Menschen, die dich grüßen

bewege dich achtsam
in aller Freiheit sei gut

was dein Herz berührt
liebe
und segne alles
was lebt

Catrina E. Schneider

WENN DIE ARBEITSWOCHE BEGINNT

Mögest du Menschen
so begegnen,
dass sie die besten Seiten in dir wecken,
wie du in ihnen.

Mögest du
all deine Gaben leben können,
ohne Angst und ohne Druck.

Möge
was nach Fehler und Scheitern aussieht
Neuem
den Boden bereiten.

Katja Süß

SEGEN FÜR DEN BEGINNENDEN TAG

Ich segne
den tag
der vor mir liegt

mit einem lächeln
mit einem zärtlichen gedanken
mit einem ja

weil du
bist

grund aller dinge
quelle des lebens
atem und kraft

ich segne
den tag

wenn er mich
segnet
werde ich
segen sein

Katja Süß

Seifenblasenweisheit

Wir sind sehr vergänglich
flüstern sie
aber wir tanzen
mit Himmel und Licht

Cornelia Elke Schray

FAHRPLAN INS GLÜCK

Lobe jeden Tag drei Personen;
erlebe wenigstens einmal im Jahr
einen Sonnenaufgang;
sieh den Menschen in die Augen,
wenn du mit ihnen sprichst;
lerne ein Musikinstrument spielen;
singe unter der Dusche;
gib weniger aus, als du verdienst;
beherrsche drei gute Witze;
spende Blut;
sei immer auf der Suche nach guten Freunden;
behalte Dinge für dich,
die dir anvertraut wurden;
überrasche Menschen, die du magst,
mit kleinen Geschenken;
akzeptiere immer eine Entschuldigung;
erkenne deine Fehler;
fahre häufiger mit dem Fahrrad;
behalte die Namen deiner Mitmenschen.

Aus Brasilien

KENNST DU DAS NICHT AUCH?

Wenn es so schien,
als gebe es keine Hoffnung,
habe ich ein Licht gesehen
in den Augen eines Kindes.
Wenn es so schien,
als gebe es keine Freude,
habe ich eine Freude gehört
in der Stimme eines Freundes.
Wenn es so schien,
als sei das Leben schal,
habe ich die Frische des Sonnenlichts
genossen auf meiner Haut.
Wenn es schien,
als sei die Zukunft so karg,
habe ich des Lebens
Lebendigkeit gefühlt
auf den Lippen eines anderen.

Aus Irland

Für Mutige

Ich wünsche dir den Mut,
den Boden hinter dir zu lassen,
in den du sorgsam die Saat
hineingelegt hast.

Was ausreichend beackert ist,
darfst du dem anvertrauen,
der das Wachsen bewirkt.

Er wird das Werk deiner Hände
freundlich anschauen
und es segnen
mit seiner Kraft.

Tina Willms

SEGEN FÜR RASTLOSE

Mögen deine Füße dich mühelos tragen,
wohin du auch gehst.
Mögen deine Gedanken in Bewegung bleiben,
was immer du tust.
Möge Gott dich aber immer wieder
mit Ruhepausen segnen.
Momente, in denen du nicht
in die Zukunft denkst und gehst,
sondern ganz in der Gegenwart bist
und den Augenblick genießen kannst.

Michaela Deichl

Reisesegen

Ich wünsche dir
Dass du willkommen bist
Wohin auch immer du gehst
Dass du offene Türen findest
Offene Herzen
Dass du dich verschenken kannst
Ohne dich zu verlieren
Und man dich gerne annimmt
Dass Nähe geschieht
In aller Ferne

Carola Vahldiek

Du bist geliebt

Sei gesegnet
vom Kuss der Sonnenstrahlen
und den Geschichten des Regens

Sei berührt
von den Umarmungen des Waldes
und dem Lied der Blumenwiesen

Sei begleitet
von dem, der dir deinen Atem gab
damit du singen kannst

Sei gesegnet
du bist geliebt

Cornelia Elke Schray

SEGEN

Die Kraft des Neumondes
sei mit dir
und die Süße reifer Himbeeren.

Die Weisheit eines Amselliedes
begleite dich
und das Träumen der Sterne.

Die Liebe einer Sommernacht
umhülle dich
und die Flügel eines Engels.

Das Vertrauen in Kinderaugen
leite dich
und das Licht des Sonnenaufgangs.

Der Schatten eines Waldweges
schütze dich
und die Hoffnung einer Apfelblüte.

Sei gesegnet,
Mensch.

Cornelia Elke Schray